바람의 말

바람의 말

정송전 시집

을지출판공사

■ 자서自序

  1960년대 초반, 소용돌이치는 한국 문단의 한가운데에서 나의 시·나의 문학도 싹을 틔웠다. 60여 년의 시력詩歷이 곧 커다란 뉘우침이며 한탄뿐이다. 그래서 하염없이 회한에 젖는다.
  그토록 애달파하던 것들 돌이켜 보면 한갓 시골 장터의 풍물 같은 것이련만 아직도 가득 머금고 있는 얼굴과 가슴 표정해 본다.
  '생각'이 곧 '시'가 되지는 않는다 하더라도 삶의 여러 주추 가운데 하나쯤은 되리라 믿는다. 다시 말해 시는 생각의 따뜻한 모서리를 가지고 있으며 위안의 기둥뿌리도 곁에 세워 두고 있다.
  '비어 있는 것'과 '채워진 것'의 품은 '아득함'으로 대체된다. 이렇듯 시의 품은 한없이 넓다. 이것은 시인이 독자에게 열어 놓은 사고의 폭이며 깊이이며 넓이이다.
  사실 우리들은 항상 어딘가를 향하여 '출발'하고, 어딘가에 '도착'하고는 한다. 이것이 우리 삶의 시작이요 끝이다.
  내게 남아 있는 여백에 저 푸른 들녘의 본령과 여유를 닮으리라.

                2020. 8.

                        정 송 전

Contents

차례

- 자서自序 · 5
- 작품 해설 / 한성우 · 95

제 1 부 허물 하나 지워 가다가

내 허물은 _ 13
뒷모습이 아득하다 _ 14
어느 하루 _ 15
혼자 있을 때 _ 16
뒷모습은 _ 17
눈빛 어리어 _ 18
뒷풍경 _ 19
빛을 맞이하며 _ 20

Contents

빈 들녘에 서서 _ 21
파도는 언제나 _ 22
낙서 지우기 _ 23
독백 _ 24
그리움은 _ 25
허물 하나 지워 가다가 _ 26
첫사랑 _ 27
잊고 살다가도 _ 28

제 2 부 꽃이 아닌 꽃이

꽃의 말 _ 31
안개와 산은 _ 32
사는 날마다 _ 33
거기 어딘가에 _ 34

Contents

노란 장다리 피어나면 _ 35
꽃잎을 접다 _ 36
저 꽃은 _ 37
동백꽃은 _ 38
돌담 코스모스 _ 39
꽃 진 자리 _ 40
동백꽃 지다 _ 41
꽃이 아닌 꽃이 _ 42
꽃과 잎의 초상 _ 43
담쟁이 _ 44
성에 꽃 _ 45
얼레지 꽃 _ 46
풀꽃 _ 47

Contents

제 3부 어느 날 혼자서

어제 같은 오늘 _ 51
바람의 말 _ 52
허물 감추기 _ 53
비명碑銘을 새기며 _ 54
어느 날 혼자서 _ 56
빈집에서 _ 57
흔들리는 것은 _ 58
여름밤 _ 59
연등 시화詩畵 _ 60
어느 날의 안색 _ 62
너와 지평선 멀리 _ 63
씻김굿 _ 64
비 온 뒤 _ 66
노을 지는 산은 _ 67
호숫가에서 _ 68
일상이거늘 _ 69

Contents

제 4 부   어머니

봄맞이 _ 73
고향이 가까워지네 _ 74
안면도 해송 앞에서 _ 76
바람을 잡는다 _ 78
목포 소묘素描 _ 79
월정역 기차는 _ 80
흑백사진 _ 82
산사에서 _ 84
그 시절 메아리 _ 85
어머니 _ 86
빗소리 _ 88
산사山寺 _ 89
신탄진역에서 _ 90
어찌 가을을 감당하랴 _ 92
빈 둥지에 노을이 진다 _ 93
겨울나무 _ 94

제 *1* 부

허물 하나 지워 가다가

아득히 멀어진 뒷모습
지우면 더 번지는
언뜻 스쳐 뒤돌아보면
지는 노을 같은

〈잊고 살다가도〉 중에서

내 허물은

뻐꾸기의 탁란을 보다가
살아오면서 허튼짓 되짚어 본다.

잊혀지지 않는 것을 에둘러
중심에서 떠민다.

누군가 첫사랑이었고
누군가 이별이었을

허물 다 받아 준 밤이
혼자서 벼랑길을 걷는다.

모래 언덕 허물어져 뿌리 드러낸
바닷가에 핀 해당화
바람 밟고 밤이슬 밟고

너에게 내 허물은
이미 내 것이 아니다.

뒷모습이 아득하다

일생이 어제 같다
일손 놓고 뒤돌아본다.

거리낌 없이 산다는 게
어디 그리 쉬운 일인가.

어른대는 그림자로 선잠을 이루지 못하다가
먼동이 트면 오금을 편다.

앙금 속의 아득한
저마다 살다 떠난 자리에

지난 세월 휘어잡아
잃어버린 모습 곧추세운다.

어느 하루

창가에 앉아
어디쯤 갔는지 보듬어 보다가
하릴없이 기진맥진하다가
빈집 정물靜物이 되었다가

꽃망울들 왁자하지만
하룻내 지루해
멍하게 허공을 바라본다.

혼자 있을 때

작은 연못이며 웅덩이까지도
혼자 있을 때

잠결에라도 출렁거림으로
있는 자리

말 못 할 무엇이 있는 것이 아니련만
간밤의 악몽이 밤이슬에 젖는다.

장맛비에 잡초는 지친 기색도 없이
허공을 휘젓고 있다.

지난 일 뒤척이다가
비에 씻긴 구름을 마주한다.

뒷모습은

귓전에 아득함이다.

누군가의 눈에 밟힘이다.

어지러움을 비워 냄이다.

그림자의 동행이다.

저마다 제 뒷모습대로 닮는다.

눈빛 어리어

얼굴과 가슴 표정을 지우지 못해

뭘 내세우지 못하고 그저 막막하네.

서로 어리석은 짓 끝내 모른 척

말없이 어리는 눈빛만 하염없네.

뒷풍경

아내가 어떤 눈빛으로

창밖의 풍경을 바라보는지

아내 뒤에서 바라보는 이내 속내를

무엇으로 어떻게 짚어 내랴.

빛을 맞이하며

어둠의 정적 속에서
밝음의 빛을 본다.

밝음의 고요 속에서
어둠을 들여다본다.

바로 거기
빛과 어둠의 안과
밖을 볼 수가 있다.

빈 들녘에 서서

겨울 빈 들녘에 서면
호젓한 허수아비 풍경이다.

서리 맞은 허수아비가
지는 햇볕을 맞는다.

천둥소리에 자지러지던 산그늘이
풀숲 마른 자리에 눕는다.

허당 거미줄엔
저녁노을이 걸려 있고

발을 모두고 비슷이 서 있는
저마다의 일상이 허수아비다.

파도는 언제나

오다가 가고

가다가 오고

연민(憐憫)의 햇무리.

멀고

가까이…….

낙서 지우기

나무에 칼로 새긴 이름
나무가 자라는 만큼씩 이름이 커진다
후회하는 것은 모두 되새김이다.

일생이 다 시들어
없어지게 하는 것.

제 성깔 못 이겨
굴절되는 것인지.

한여름 고요 속으로
고요까지 고요 속으로 다가가
못내 고요가 된다.

독백

무슨 일에 중심을 잃고
말 한 마디 없이
점점 낯설어진다.

지난 일 하나 둘 떠올려
그러지 말아야지 다짐하다가도
조금씩 분해되어
불속으로 들어간다.

불속의 나는
온갖 수모에 굴절된다.

차라리 멀리 떠나 있거나
그냥 비어 있어라.

그리움은

헤어지면서
서로 놓고 가는 자리이겠지만

그리움은
오늘도 마냥
찾아가는 자리.

허물 하나 지워 가다가

허점 하나 마주 손길 닿는

허물 하나 마주 지워 가다가

오롯이 마주 등 기대는

눈빛 마주 바라보는

모습인가.

첫사랑

시골 동네 적막만큼이나
까마득히 잊고 지웠으련만

억장에 들앉은
허물 같은 거
미련 같은 거

못내 지워 버리지 못한
흔적.

잊고 살다가도

아득히 멀어진 뒷모습

지우면 더 번지는

언뜻 스쳐 뒤돌아보면

지는 노을 같은

잊고 살다가 못내 잊지 못한

결국 내 안의 얼룩인가.

제 2 부

꽃이 아닌 꽃이

안개는 산에게 귀엣말로

산은 하늘에게 속엣말로

말을 건넨다.

〈안개와 산은〉 중에서

꽃의 말

풍물시장에 가서
남포등 하나 사려다가
값이 만만치 않아
연꽃 씨를 두 봉지 사 왔다.

흰 연꽃 붉은 연꽃이다
꽃씨 한쪽 끝을 떼어 내고 물속에 담가 두었다.

유리그릇에서 뿌리가 비죽이 나왔다
하얀 뿌리가 걷잡을 게 없어
발자국 소리에도 흔들렸다.

연못 흙을 깔아 주었더니
뿌리는 보이지 않아 흔들리지 않았을 게다
한참 만에 다시 보니 물 위로 연잎이 떠 있다.

꽃은 말을 하지 않아도
주고받는 말을 알아듣나 보다.

안개와 산은

안개가 산을 에워싸며 오른다
뒤돌아보지도 않고 내달려
구름에 섞인다.

물기 머금은 적막 휘어잡고
산이 하늘에 안개를 피워 올려

안개는 산에게 귀엣말로
산은 하늘에게 속엣말로
말을 건넨다.

사는 날마다

깊은 속내를 그려 보려
빈 들녘에서
혼자 겨울을 모아 보네.

세상 모난 곳
헤집고 사는 건
무엇인들 다르랴만

손길에 정이 배어 덧칠하고
노을을 부여잡네.

얼룩 한가득
모습 들킬까 봐

오늘도 무심히
돌앉아 역정이네.

거기 어딘가에

바닷가에 핀 해당화
노을에 날리고

갯바람 혼자서
파도를 지척거리면

수평선에 빠진 노을
하늘 자락에 퍼진다.

노란 장다리 피어나면

보일 듯 외딴
빈집.

너울진 장독대에
노란 장다리 피어나면

고집 센 가시내
가슴 헤집어
새겨 둔

늘 외로움인 촉감을
달빛은 오늘밤도 환하기만 하고

무슨 좋은 일이 생기게
간청하려는 밤.

별들은 이슬 속에
잠든 환영을 영접한다.

꽃잎을 접다

바닷가에 나앉은 해당화

해 질 녘에 꽃잎을 접는다.

희살짓는 모래 바람에

해당화는 혼자서

꽃잎을 파도로 접는다.

저 꽃은

벼랑에 나앉은 이름 모를 저 꽃은
손길 닿지 않아
아침 이슬만 지녔다.

매무새 곱게 바장이며
물안개가 벼랑을 질러가는 걸
저 꽃은 알고나 있는지.

꽃잎에 싸인 햇빛과 물안개가
눈이 부셔도 저 꽃은 표정이 그대로다.

이마를 짚고 저 꽃은
바람같이 가다 서다 하늘거리거늘
몸을 가누어 하늘에 매달려 보라.

저 꽃은 그래도 나를
기다려 줄 것만 같다.

동백꽃은

어느 바닷가 동백꽃이
통꽃으로 지면서도
몸을 꼬지도 않고 시든 내색도 없다.

여러 갈림길에 마중을 보내며
하나하나가 한결같다.

동백꽃은 땅에 뒹굴어도
가슴을 창공으로 추켜올린다.

파도에 쓸려 가는 동백꽃이
얼굴을 들어
내 손을 잡으려 한다.

바닷가 동백꽃은 언제나
하늘을 나는 몸짓으로
그리움이다.

돌담 코스모스

돌담 틈새에 코스모스
제 그림자보다 작은 몸짓으로 나앉아
한여름 졸다가 밤이슬을 맞는다.

눈을 부릅뜨고
가슴 저미는 오롯함이 뜨거워.

저 홀로 타는 속내
마주 빗장을 풀어 시공時空에 흩날리다.

꽃 진 자리

눈빛이 야윈
입술에 떨린다.

석양녘에 서서
꽃은 저마다 한껏

꽃 진 자리
벼랑에 매달린 바람이다.

바람은 언제나
하나하나씩 시작이다.

동백꽃 지다

동백꽃은 통꽃으로 진다.

제 심사尋思 못내 버림이다.

눈 속에 처박혀도

변하지 않는 건

못내 제 모습이다.

꽃이 아닌 꽃이

나의 시샘은 꽃으로 묶여 있게 한다.

그 무엇을 다 못 채운 빈 공간에 주저앉혀 두고

이미 꽃이 아닌 꽃을 꽃으로만 피어나게 한다.

꽃으로만 말하게 하는 속박, 그러나 벌써 꽃으로 시들고

꽃은 자기 입으로 말하지 않고 타인의 입으로 꽃이라 불린다.

꽃과 잎의 초상

꽃이 필 때에는
잎은 이미 말라 사그라져

꽃과 잎은
서로 보지 못해.

꽃대 하나로 환생하여
한평생 이뤄 내지 못한다.

담쟁이

덩굴손으로
담벼락에 버텨 온 삶이다.

고정된 방식으로만 살았기에
짓눌린 몸짓만 지탱한다.

무슨 꾸밈이라 하랴
꽃을 잎 속에 감추고
내보이는 저 모습.

성에 꽃

성에가 그린

봉긋한 꽃봉오리

밤새 떨다가

선잠 든 눈빛으로

봄빛을 그린다.

얼레지 꽃

병풍 휘두른 *두타연 양지녘
눈 속에 한 포기
잎도 없이 대궁에 꽃만 피어

꽃잎으로 햇볕 받아
아침 이슬 말린다.

잎보다 먼저 꽃 피워
서로 마주보지 못해

금강산 가는 길목
꽃피워 봄을 맞는다.

*양구 휴전선 북방

풀꽃

이름 모를 풀꽃들이
작은 몸짓으로
바람을 불러 다스리고
이슬을 모아
보는 이 없어도
자기 몸을 세운다.

제 **3** 부

어느 날 혼자서

꽃기운 들춰내어
피는 꽃이 아닌 것이 어디 있으랴.

흔들림은 서로 달라도
흔들어 대는 하늘이 거기 있다.

〈흔들리는 것은〉 중에서

어제 같은 오늘

하늘 한 자락에

지평선을 그어 놓고

말 한마디 없이

갈 길 재촉만 하는

어제 같은 오늘이다.

바람의 말

이웃하며 살고 있기에
그의 말을 안다.

들릴 듯 맴도는
헷갈림이다.

가장 답답한 사연만
머뭇거리더니

봄, 여름, 가을, 겨울이 비켜 간다.

허물 감추기

이제야 간신히

늦은 나이가 되어서야

다스리고 가꾸어 알아져

마련하는 자리

이슬의 정체

햇살 가득한 미소.

비명碑銘을 새기며

유세 한 번 떨어보지 못한 아비
자랑거리 될 흔적 하나 없고
빈 손길만 목덜미를 짓눌러
남모를 미안함이 서로의 울타리다.

저토록 손때 묻은 정
당신의 중량 아니냐.

길손이여
같은 하늘 아래 살면서도 어쩌면
이토록 다르게 사는가.

시절은 마냥 가 버리고
조금씩 사위어 가는 여백자락으로
삭신을 쓰다듬어 몸서리친 흔적
살면서 옷깃에 어룽지고

눈빛은 말하지 않아도
서로 허물 삭여 가며
중심을 잡기 위해 흔들린다.

어느 날 혼자서

얼마나 오롯했기에

혼자서 징표 한 자락 펼쳐

어쩌자고 표정이 스멀스멀

그늘 언뜻언뜻 어른거리나.

빈집에서

빈집 장독대 자리
잡초에 파묻힌 숫돌이 있다.

허당에 걸린 녹슨 낫을
숫돌에 날을 세운다
엄지손가락으로 날을 짚는다.

숫돌에 갈린 시퍼런 날이여
빈집 지키는 잡초
차마 베지 못하거든
동구 밖 장승의 부릅뜬 눈빛을 보거라.

외양간에 허물어진 부뚜막이
아버지의 형상이다.

흔들리는 것은

비탈에 맴돌다가 우두커니 서서
날이 저물어 가는데도
그 자리에 서서 흔들린다.

바람에 흔들리는 것이 아니라
하늘을 흔들어 흔들리지만

꽃기운 들춰내어
피는 꽃이 아닌 것이 어디 있으랴.

흔들림은 서로 달라도
흔들어 대는 하늘이 거기 있다.

여름밤

허물어진 돌담 틈새 잡초
생장을 멈추고 꽃을 피웠다.

제 모습 견줌도 없이
꽃을 피워 내는 끈기에 무더위가 더하다.

해거름에 일손 놓고
가슴 낭떠러지에 매달린 잡초
눈에 밟힌다.

장마 걷히고 여름나기
적막한 밤
담장 너머 달이
누군가 무언가를 기다린다.

연등 시화詩畵

논밭은 별로 보이지 않고
산기슭 푸른 햇볕 내려와
송강은 한낮을 말없이 흐르고

아무 남길 것 없어도
산 그림자가 마중 나와
송강에 떠내려간다
저 강물은 갈 길을 묻지 않고
대체 어디로 가는 걸까.

강물은 자기 길을 잊은 채
뒤따라가는 길에도
새 길로 열어 가며 휘돈다.

캄캄한 밤 *비엔티엔 하늘은
석류알같이 박힌 별빛이 부시다.

연등에 애틋한 말 가득 적어
밤바람에게 부친다.

*라오스

어느 날의 안색

아득히 어른거리다가
저린 발목을 주무르다가
잠 못 이루고

발길 멈추어 머뭇거리고
뒤돌아본 연민이다.

하늬바람에 오금을 못 펴
아닌 척 되돌려 본
안색인가.

아득히 어른거리다가
발길을 돌리면 낭떠러지다.

너와 지평선 멀리

어느 들녘에서
지평선을 눈에 그린다.

푸른 하늘이
눈빛 닿지 않는 발걸음으로
아주 멀리 가서
너로 하여 지평선이다.

둑방 길 걸어 걸어 혼자 가는데
가슴 도려내는 시련
꽃처럼 벌겋게 피어오르다.

언제나 노을 뒤로 서서
지평선으로 아득해진다.

씻김굿

이승의 여한일랑 티끌 하나 없이 다 사르어지랴.

됫박 쌀자루 연탄 두 개 들고 신작로를 걸어오던
세월이 가셔지지 않고 그대로 멈춰 서 있다.

술 한 잔 올리는 손끝에 향이 너울거린다
이승을 휘젓는 눈빛이 어린다
눈물 가득 고인 눈시울이다.

눈물 차마 쏟아질까
주저하는가
망설이는가.

그렁그렁한 눈물 속에 내가 어리나 보다
힘들게 지탱해 온
인고의 정리情理가 왁자히 쏟아진다.

뉘에게도 이승의 마지막은
모두가 씻김굿이다.

비 온 뒤

풀잎은
하늘로 치올리는 메아리로
푸른 침묵을 부둥켜안고

풀잎 끝에
물방울 매달아 벼랑 산울림이
이마를 짚어 줄 때까지 침묵한다.

지평에 닿지 않은 시선이
벼랑 아래로 떨어질 때면
풀잎은 푸른 표정이다.

하늘을 부둥켜안고
산 그림자가 이마를 짚어 줄 때까지
풀잎은
가고 오는 길을 잊고 살아도
꺾이지 않고 고요함을 날린다.

노을 지는 산은

노을이 산자락에 너울거린다.

이승에서 맺힌
한을 풀어 주는 씻김인가.

삭정이 부러지는 소리
산은 온통 흔들림에
지평선까지 내달려 퍼져 간다.

산은 바람으로
말없이 다독인다.

호숫가에서

호숫가에 산그늘이 촉촉하고
거기 노을이 그림을 그린다.

허물 같은 거 하나씩 덧칠하고
말없이 서 있는 갈대
비슷이 기척을 하지만
애써 못 들은 척이다.

발목이 잡혔지만
빈 들녘으로 내달리는 갈대
후회되는 일이 어디 없으랴.

하룻내 헝클어진 날갯짓을 내려놓고
밀물져 오는 헛것을 꿇어앉히면

한밤의 속내를 들춰내어
갈대는 제 모습으로 되돌아온다.

일상이거늘

못마땅한 일에도
얼버무리는 때가 있었지.

지나간 나날이 그 무엇 하나
아득하지 않는 게 없지만

깊은 속내까지 헤집어도
지금까지 버텨 온 일상이거늘.

제 **4** 부

어머니

저마다 명치끝에 아린 허물 하나 없으랴
무슨 짓을 하든 다독거려 달래 준
꽃 진 자리 어머니.

당신의 풍상風霜이 모질게 내달려
봄 여름 가을 겨울의 중력 어머니.

〈어머니〉 중에서

봄맞이

호젓한 동네 골목길을 서성거린다
개나리가 필 듯 봉긋거리고
어린이 놀이터에 햇볕이 왁자하다.

놀이터에 그림자가 외로워
이웃인 양 활짝 웃어 주고 있다.

어느 거리감을 가늠해 볼 겨를도 없이
저만큼 어른거리는 그림자.

봄은 아지랑이로 들녘에 퍼져
텅 빈 마을 인기척 해 주는 바람이다.

아직 발길 닿지 못한 조바심을
한 짐 지고
봄맞이 아롱져 나선다.

고향이 가까워지네

나이 들어
고향이 가까워지네.

내 키만큼 큰 접시꽃이
장독대를 차지하고
채송화가 유별나게 고왔던
고향이 눈에 밟히네.

비 온 뒤
마실갔다 새까만 얼굴로
마당에 들어서면
외양간 두엄 냄새가 진동하고

보릿고개가 무엇인지 모르고
소고삐를 말뚝에 매어 놓고
서리를 하며 먹감던 동심을
한 켜씩 벗기네.

소죽 쑤는 냄새에
시장기를 느끼던 시절.

나이 들어
정녕 고향이 가까워지네.

안면도 해송 앞에서

흐트러짐 없이 귀공자 기품이다.

송전松田, 주인 같은 손님으로
바닷가 솔밭을 거닌다
제 기른 정을 하늘이랄까 바다랄까.

모랫턱 해당화가
아침 이슬 머금어
그 속에 유년을 담아 둔다.

해송은 파도 소리를 끌어안는다
바람과 햇살이 파도 소리에 쓸린다.

해송 가지에 안긴 안개
바닷바람에 너울거리는 건지
안개 안의 소용돌이다
남은 여운에 흐늘거리는 건지.

솔밭에 옷고름을 풀어헤친 가슴을 열어
가고 오는 길손의 발을
멈추게 하는 해송이다.

바람을 잡는다

노을빛 역광으로 바라본 저녁 들녘은
이슬방울로 영롱하다.

구름이 노을에 젖어 흩어지듯
꽃자리 모여들어

풀꽃이 어우러진 비탈길에
헛디딘 발목이 시리다.

가고 오는 수많은 길손에 뒤섞여
흙먼지를 날리며
무엇을 위한 되풀이인가.

고운 눈빛이 천성이라고
속 타는 거 다 비우고

가진 거라곤 허름한 형상뿐
빈손으로 바람을 잡는다.

목포 소묘素描

어느 겨울 끝자락에
목포행 야간 완행열차에 올랐다.

비무장지대에서 고락을 같이한
말수가 적었던 친구가
유달산을 제 것인 양 자랑하기에
완행열차에 꼬박 서서 흔들리며
유달산과 다도해를 그렸다.

어두컴컴한 들녘이 환해질 무렵
배고팠던 현기를 잊을 수 없다.

첫 대면의 뱃고동 소리
이내 밀려왔다 밀려가는 파도가 된다.

부두를 휘돌아 오는 갈매기의 끼룩 소리
한 다발 묶어 다도해로 날린다.

월정역 기차는

고석정에서 제2땅굴 가는 길은
논밭이 산으로 되어 미확인 지뢰지대다
휴전선 안개가 비무장지대를 뒤덮는다.

이름 모를 꽃의 숨소리가
적막을 더하느라

녹슨 철조망에 발목 잡혀
거기 망부望夫꽃으로 피었다.

포연인 양 산비탈을 오르는
교대 초병의 발자국 소리 듣는다.

월정 초소 망루에서
아득히 바라본 평야
옛 궁예의 성터가 풀숲이다.

월정역 기차는 하염없이 주저앉아
금강산의 파란 신호를 기다린다.

흑백사진

서울역 광장에 한달음 오고 가는 사람들
이고 지고 저마다 파발마다.
기적 소리가 요란하던 광장을
중학 시절 찢어진 비닐우산이 비에 젖는다.
서울역사가 문이 닫힌 채
기념관으로 변한 듯
대합실에 손때 묻은 환청이 오롯하다.
해가 뉘엿거리는 걸 보니
경원선 통학 기차가 기적을 울리며
달려올 것만 같아 옷매무새를 잡는다.
비 오는 광장에는 가고 오는 이의 모습마다가
한세월 공간을 그린다.
좋은 버릇 드러내지 않아도 알아주련만
살기 바쁜 핑계로 못 본 척해
정작 버릇 하나 떼어 내기 어렵다.
대합실 벽의자에 촘촘히 앉았던 자리
비워 내도 빈자리가 없다.
광장에 비둘기가 서성거린다.

일으켜 세운 지난 세월 다
자신의 미련만을 알아채는 것뿐이다.

    *60년대에는 하루에 두 번씩 문산에서 신철원간
    운행하는 의정부 경유 경원선 통학 기차다.

산사에서

앙상한 나뭇가지의 풋풋한 기운
달빛 은은한 풍경 소리
이 모두 무량無量이 빚었나.

무량은
별빛이고 지열地熱인가.

산사에는
하늘이 호수다.

산사의 적막에 호수는 사로잡히고
깜박 잠이 든 어둠
아침이면 언제나처럼
안개를 떠다가 씻긴다.

그 시절 메아리

먼동이 트면
머리맡에 놓인 괘종시계보다
먼저 어둠의 고요가 잠적하고
왁자하게 일상의 하루가 시작된다.

기적 소리는 조바심에 타 들어가고
바람보다 앞서 달렸다.

비 오는 날 찢어진 비닐우산 한쪽으로도
그 시절 등굣길은 만족했다.

수복 이후 의정부
십 리 길을 단숨에 질러 다녔다.

기적 소리에 눈보라가 너울거리고
달려도 달려도 먼 거리감에 숨이 차올랐다.

그 시절이 고스란히 그대로 메아리친다.

어머니

아내가 거울 앞에서 치장治粧을 한다
문득 아득함이 어머니의 풀물 든 손길에 안긴다
언뜻 순진함이 검버섯 핀 손등을 쓸어안는다.

저마다 명치끝에 아린 허물 하나 없으랴
무슨 짓을 하든 다독거려 달래 준
꽃 진 자리 어머니.

당신의 풍상風霜이 모질게 내달려
봄 여름 가을 겨울의 중력 어머니.

냇가 빨래터에서
바랜 무명옷을 널어놓고
자식 의중 다 알고 삭였으리라.

선잠 깨어 궂은일 마치다 보면
가슴 저린 회한
누가 알랴.

선산先山에 굽은 소나무
어머니.

빗소리

어둠 속의 빗소리를
창밖으로 손바닥 내밀어 받아 본다.

푸른 잎사귀에 떨어지는 빗소리와
단풍 잎사귀에 떨어지는 빗소리가
손바닥에서 하나가 되었다.

그새 심어
바라보고 사는 나무 한 그루
빗속에서 흔들다.

빗소리에도 색소가 있어
소리의 부딪침 하나하나
단풍 들게 하는지.

산사 山寺

달빛에 싸인 호수가
밤을 휘저어

나뭇가지가 인기척 없이
호수 속 달을 들깨운다.

달이 홀로 내려다보는
산사의 풍경 고즈넉하다.

무슨 서러움
무슨 그리움이 뼛속에 스미고

목탁소리는
사바娑婆 울림만 주는지.

신탄진역에서

금강산 가던 기찻길
잡초가 녹슨 철로를 안고 있네.

고작 한두 사람 오고 가는 얼굴들 뿐이라
그림자마저 낯익은 듯

종착역 마당에 기적 소리가 웅크린 채로
허수아비로 서 있네.

손길 닿지 않은 곳에
코스모스 혼자서 피어
적막을 너울거리네.

빛바랜 열차 시간표가 유리창에 어룽어룽
세월을 뒤채이고

금강산 가던 기찻길이라
그냥 금강산 가는 양 *기차표 한 장 사서

가슴에 대고 눈에 익히네.

아무도 없는 역사
유리창에 코스모스가 얼굴을 얼비치네.

*김연대 시인에게 금강산 가는 양 기차표 사 주다.

어찌 가을을 감당하랴

단풍나무 한 가지 꺾어
잎 속을 들여다보다가
단풍 색소에 물든다.

푸른 잎사귀에 숨긴 색소
바람의 거간꾼 앞에
어찌 가을을 감당하랴.

가을 한 자락 앞서가며
하늘도 같이 제 물이 든다.

숨긴 것 다 내어 주고
공간이 비로소 단풍이 된다.

가을이 오면
모든 게 그대로 가을이다.

빈 둥지에 노을이 진다

빈 들녘 앙상한 미루나무 한 그루
겨울바람에 자기 몸 곧추세운다.

작년엔 우듬지였을 가느른 가지에
까치가 둥지를 틀다 말았다.

나무 한 그루에 앞집 뒷집이다
앞집은 짓다 만 집이다.

바람이 나뭇가지를 흔들어 요람을 들깨운다
빈 둥지에 노을이 진다.

까치는 어디서 겨울 나는지
굴절된 시간이 너무 길다
한갓진 시절 내려놓고 허공을 비우나 보다.

겨울나무

겨울나무는 산의 말을 귀담아듣는다
한여름 칡덩굴에 덮여서도
앙상한 몸짓으로 서서
햇살 한 줌 추스려 안는다.

해마다 우듬지 내밀어
귀에 거슬리는 온갖 새소리에도
발길을 헛디뎌 가며 비탈길 내달린 뜻 알겠다.

아쉬움 층층이 쌓아 올린 꼭대기에서
머릿결 휘날리다가 삭정이가 꺾인다.

산속 적막이 겨울나무를 맴돌고
야윈 혈색으로 서 있는 그 자리
누구에게 알리고 싶은 아우성인가.

겨울나무는 마저 앙상한 몸짓으로 말없이
오늘도 내밀한 바람을 하늘에 날린다.

■ 작품 해설

존재론적 자아 탐구와 완전하고 영원한 생명의 추구

한 성 우
〈문학평론가·문학박사〉

이번에 발간되는 정송전 시인의 시집 『바람의 말』에는 65편의 시작품들이 제1부 「허물 하나 지워 가다가」, 제2부 「꽃이 아닌 꽃이」, 제3부 「어느 날 혼자서」, 제4부 「어머니」 등 4부로 묶여 실려 있다. 시인의 약력에서 드러나는 바와 같이, 시집의 모든 시작품들에는 시인 자신의 치열한 삶의 체험과 장구한 시력이 그대로 반영되어 나타나고 있다.

시집을 조망眺望컨대 내용적으로는 회고적, 사색적, 관조적이며, 방법적으로는 감정이입과 의인화, 그리고 묘사적이거나 서술적이다. 그러나 시집 1~3부의 시작품들과 4부의 시작품들은 제재적, 표현적인 면에서 다소 편차를 보이고 있다.

　전자의 작품들이 시인의 지나온 삶에 대한 존재론적 탐구에 집중하는 사색적·내적 지향의 작품들이라면, 후자의 작품들은 과거나 현재를 가리지 않고, 시인의 삶 전체에 걸쳐 있는 다양한 제재들에 대한 느낌이나 생각을 다루는 외향성의 작품들이라 할 수 있다.

　그러한 내용적·방법적인 틀 속에서, 전자에 속한 시작품은 1인칭 주인공 시점(point of view)을 유지하여, 제재와 시적 주체와의 시적 거리가 소멸되어 시인 자신이 시적 상황에 깊이 개입되고 있다. 이에 반해 후자에 속한 시작품들은 1인칭 관찰자 시점으로, 시적 주체는 제재와의 일정 거리를 유지하여 우연한 목격자이기도 하고 사건의 주변적인 참가자가 되기도 한다. 따라서 '나'는 관찰자이며 인물의 초점은 시적 주인공에게 가 있어서, 단지 '나'의 눈에 비친 세계에 대한 느낌과 생각이 묘사되고 있다.

이제 이러한 기초적인 전제를 바탕으로 시집에 실린 시작품들을 분석하여, 시인이 드러내고자 하는 시적 진실에 좀 더 가까이 다가가 보고자 한다.

1. 존재론적 자아 탐구

시집에 첨부된 약력을 통해 일정부분 드러나는 정송전 시인의 인간적인 면모는, 적어도 세상의 상식적 관점에서는 여러 가지로 흠잡을 데 없는 시인과 교육자로서의 사회 경력과 활발한 문단활동을 해 온, 지知·정情·의義가 조화롭게 겸비된 사람으로 보인다. 한마디로 세상의 많은 사람들로부터 존경받고 부러움을 살 만한 모범적인 시인이자 교육자이다.

그러나, 또한 약력과 함께 시집에 실려 있는 시인의 '자서自序'의 내용은, 이러한 시인의 객관적인 전기적 사실들과는 다소 괴리감이 있다. 즉, '60여 년의 시력 詩歷이 곧 커다란 뉘우침이며 한탄뿐이다. 그래서 하염없이 회한에 젖는다'라는 '자서'의 내용이 바로 그 것이다. 특히 '커다란 뉘우침이며 한탄뿐'이라는 시인의 고백은, 우리를 적잖이 당혹케 한다.

시인은 시를 쓰고, 시집을 내게 된 모티브로 '자서'에서 이러한 말을 하고 있는데, 약력에서 드러나는 시인에 대한 객관적인 인상과 시인 자신의 고백이 불협화음을 일으키고 있기 때문이다. 정송전 시인 역시 완전한 인간으로서, 자신의 뜻대로만 인생을 살아온 것이 아니라는 것을 짐작케 한다. 그의 그러한 모습은 시작품 속에서도 가감 없이 드러나고 있다.

    허점 하나 마주 손길 닿는

    허물 하나 마주 지워 가다가

오롯이 마주 등 기대는

눈빛 마주 바라보는

모습인가.

　　－「허물 하나 지워 가다가」, 전문

　시적 주인공인 시인 자신의 진솔한 고백이 돈호법을 통해 울림을 더해 주는 시이다. 짤막한 이 시에서 우리는 정송전 시인 역시, 인생을 살아가면서 우리들과 별반 다름없는 수많은 '허점'과 '허물'을 지닌 불완전하고 미흡한 사람이라는 것을 짐작케 한다. 더구나 시인은 지난날의 그러한 자신의 허점과 허물이 부끄러워 그것을 지워버리려고도 한다.

　그러나 시인의 의도와는 달리 그러한 것들은 지우려고 아무리 애써도 지워지지 않고, 이제는 그러한 '허점'과 '허물'들은 '나'와 분리된 대립과 갈등 관계 아니라 '마주 등 기대'고 '눈빛'을 마주 바라보는 상호 동반자의 관계가 되고 있다. 시인의 그러한 모습은 다음 인용시에서도 나타난다.

> 아득히 멀어진 뒷모습
>
> 지우면 더 번지는
>
> 언뜻 스쳐 뒤돌아보면
>
> 지는 노을 같은
>
> 잊고 살다가 못내 잊지 못한
>
> 결국 내 안의 얼룩인가.
>
> ―「잊고 살다가도」, 전문

 시인은 세월이 아무리 흘러가도 잊혀지지 않는 자신의 시행착오와 크고 작은 실수 등, 다시 떠올리고 싶지 않은 기억들을 '지우'고, '잊고' 살면서 지금이라도 자신의 삶을 완전무결하게 하고 싶다. 그래서 그는 할 수만 있다면 지금까지의 삶에 어떠한 '뉘우침과 한탄'도 없는 완전한 인생이 되게 하고 싶다. 하지만

오히려 그렇게 할수록, 마치 지는 노을이 소리 없이 하늘에 번지듯이, 시인의 마음속에는 과거 자신의 불완전하고 부끄러운 모습들이 떠오른다.

그래서 시인은 드러내고 싶지 않은 시인의 내면의 그러한 모습들이, 어쩔 수 없이 함께 안고 살아가야 하는 '내 안의 얼룩인가' 하는 수사적 질문을 스스로에게 던지고 있다. 「허물 하나 지워 가다가」에서의 '허점'이나 '허물', 그리고 「잊고 살다가도」의 '얼룩'은 시인이 청산해야 할 마음속의 부끄러운 유산이 아니고, 시인이 다독이고 보살피며 함께 살아가야 할 또 다른 자아의 일부임을 스스로 인정하고 있다.

그러나 이러한 것은 비단 정송전 시인에게만 해당되는 모습은 아니고, '존재란 무엇인가?'라는 물음 앞에 서 있는 인간에게는 보편적인 현상이다. 실존주의 철학자 하이데거는 『존재와 시간』에서 인간의 이러한 특성을 다음과 같이 설명하고 있다.

인간은 동식물이나 광물 등과 같은 다른 존재자(존재하는 것)와 다르게, 삶을 영위하는 과정 속에서 '존재 그 자체'와 '존재자'와의 사이에 있는 '존재론적 차이' 즉, '존재란 무엇인가?'라는 물음을 가능케 하는 능력이 있다. 즉, 인간에게는 존재와 연결된 '개시성開示性'(현존재는 세계 내의 존재로서 세계와 자기 자신을 '열어 밝히는' 방식으로 존재한다는 것을 의미)이 갖춰져 있다는 것이다.

그리고 이런 개시성은 잉여적인 능력이라기보다는 인간의 불완전성을 나타내는 것이다. 즉 이것은, 인간이라는 존재자에게 열려 있는 '갈라진 틈새'다. 인간은 광물처럼 완전한 존재자가 아니다. 왜냐하면 광물의 경우에는 존재 그 자체와 존재자 사이에 차이도, 갈라진 틈새도 없기 때문이다. 그러나 갈라진 틈새가 존재하기 때문에 인간은 '존재란 무엇인가'라는 질문을 던지는 것이 가능하다.

여기서 우리는 정송전 시인이 하나의 인간 존재로

서 다른 존재자들과는 달리, 자신의 지나온 삶의 '허점'이나 '허물' 등 불완전성이나 지워지지 않는 흔적을 되돌아보고 성찰하는 것은 너무도 당연한 일이다. 그것이 곧 하이데거가 말하는 '개시성'과 '갈라진 틈새'의 정송전 시인 나름대로 표현적 특이점이다.

2. 두 개의 '꽃' 이미지와 변증법적 통합

이 시집의 제2부 「꽃이 아닌 꽃이」에는 제목 그대로, 다양한 꽃들을 매개로 해서 현재 시인 자신이 처해 있는 상황을 비유적으로 표현해 내고 있다. '해당화', '동백', '연꽃', '장다리', '코스모스' 등 자연 속에 존재하는 여러 가지 종류의 꽃과 함께, 특이하게 상상 속에 존재하는 시인만의 특별한 '관념의 꽃'이 시의 소재로 사용되고 있다. 먼저 자연 속에 존재하는 꽃에 대한 시를 살펴보자.

바닷가에 핀 해당화
노을에 날리고

갯바람 혼자서
파도를 지척거리면

수평선에 빠진 노을
하늘 자락에 퍼진다.

- 「거기 어딘가에」, 전문

어느 바닷가 동백꽃이
통꽃으로 지면서도
몸을 꼬지도 않고 시든 내색도 없다.

여러 갈림길에 마중을 보내며
하나하나가 한결같다.

동백꽃은 땅에 뒹굴어도
가슴을 창공으로 추켜올린다.

- 「동백꽃은」, 1~3연

먼저 첫 번째 인용시에서 '해당화'가 피어 있는 곳은 잘 정돈된 아름다운 정원이 아니라, '갯바람'과 '파도'가 몰아치는 거친 해변이다. 거기는 아름다운 해당화 꽃이 서 있을 자리는 못된다. 그러나 그런 열악한 환경과 악조건 속에서도 해당화는 결코 꺾이거나 쓰러지지 않고 '수평선'을 바라보고 있다. 수평선 그 너머엔 그리운 누군가가, 애타게 기다리던 그 무엇이 자기를 향해 다가오고 있을 것만 같아서일 것이다. 그러나 밀려오는 갯바람과 파도에 그 꿈은 저녁노을이 수평선 너머로 빠져 들듯이 사라진다. 하지만, 해당화는 바다 속에 가라 앉아 완전히 소멸되는 것이 아니라 '하늘 자락'으로 다시 솟아올라 펄럭이고 있다. 바다 속에서 하늘로, 어둠에서 빛으로, 죽음에서 생명으로 다시 소생하고 있다.

두 번째 인용시 「동백꽃은」에서도 이러한 구조적 패턴은 반복된다. 꽃이 통째로 지면서도 어떤 고통이나 슬픔도 전혀 내보이지 않는다. 오히려 땅에 떨어져

온몸으로 나뒹구는 비참한 상황 속에서도, 결코 낙망하거나 사라지지 않고 '가슴을 창공'을 향해 활짝 열고 풋풋한 생명의 날갯짓을 하며 어떤 희망을 쏘아 올린다.

앞의 두 편의 시에서 보듯이 자연계의 '꽃'은 각각의 작품 속에 두 개의 대조적인 이미지를 가지고 있다. 즉, 추락과 소멸 혹은 죽음과 어둠의 이미지와 대조되는 상승과 소생, 그리고 빛의 이미지 말이다. 그러나 시인의 상상 속 가상의 공간에 존재하는 다음 인용시의 '꽃'은 지금까지 살펴본 자연 속의 실제 '꽃'과는 다른 특징적 모습을 보여 준다.

나의 시샘은 꽃으로 묶여 있게 한다.

그 무엇을 다 못 채운 빈 공간에 주저앉혀 두고

이미 꽃이 아닌 꽃을 꽃으로만 피어나게 한다.

꽃으로만 말하게 하는 속박, 그러나 벌써 꽃으로 시들고 꽃은 자기 입으로 말하지 않고 타인의 입으로 꽃이라 불린다.

　　　　　　　　　　　　　－「꽃이 아닌 꽃이」, 전문

　이 시작품 속에는 '꽃'이라는 단어가 모두 여덟 번 등장하고 있는 데, 그 꽃들은 각자 개별적인 모양과 색깔과 형태를 가지고 있는 구체적인 꽃이 아니라, 그러한 개별성이 무시된 채 시인의 상상 속에서 만들어진 보편적인 관념의 꽃이다. 따라서 여기에 나타나는 '꽃'의 속성은 시인에 의해서 작위적作爲的으로 만들어진 것으로, 시인의 의지에 따라 얼마든지 변형 가공되고 조종될 수 있는 꽃들이다. '~있게 한다', '~앞혀 두고', '~이라 불린다' 등으로 표현된 수동태의 문장은 바로 그 대표적인 모습이다.

　이러한 시인의 전지적全知的 역할은 여기에 머무르지 않고, 시작품 속에서의 '꽃'의 성격이나 역할 등도 규정하고 있다. 인용시에 등장하는 여덟 개의 꽃의 기

바람의 말 · 107

능이 크게 두 가지로 분류될 수 있는 것은 바로 이 때문이다. 즉, 1, 2, 4, 6, 7의 꽃은 이상화된 진리의 꽃이며, 3, 5, 8의 꽃은 현실 속에 존재하는 비진리의 꽃이다. 전자의 꽃은 목적적인 삶을 살아가는 시인이라면 반드시 추구해야 할 당위적이고 명제적인 꽃이다.

그러나 이러한 시인의 이상과 꿈은 사이비似而非 현실 속에서 맞닥뜨리게 되는 여러 가지 훼방과 장애로 인해 순조롭게 성취되지 못한 채, '빈 공간'으로 남겨지게 되는 경우가 허다하다. 그 대신 좋든 싫든 시인은 낯선 타자를 만나는 것처럼, 후자의 꽃과 같이 왜곡되고 변형된 본래적 자아를 만나게 되는 아픔과 슬픔을 겪게 된다. 어쩌면 앞의 '존재론적 자아 탐구'에서 보았던 시인의 '허점'과 '허물'은, 바로 시인이 추구하고자 했던 본래의 '꽃'이 아닌, 사이비 '꽃'으로부터 비롯되고 있는지도 모른다.

그러나 우리는 시작품의 이러한 결과에 대해 안타

깝게 생각하거나 시적 주체인 시인에게 어떤 연민의 제스처를 내보일 필요는 없다. 그는 이러한 시적 작업을 통해서, 이에 앞서 살펴본 바 있는 하이데거의 '개시성'이나 '갈라진 틈'을 통한 '존재론적 차이'를 인식하고 있기 때문이다. 어찌 보면 인용시 「꽃이 아닌 꽃이」를 창작하는 과정은 그러한 차이를 인식해 가는 과정인지도 모른다.

시의 첫 행에 제시된 꽃1(正)→꽃2(正)→꽃3(反)→꽃4(正)→꽃5(反)→꽃6(正)→꽃7(正)→꽃8(反)의 정正·반反의 역동적 과정을 거치면서, '허점'과 '허물', 그리고 결핍과 상실을 채워 가며 완전하고 영원한 삶을 완성시켜 나가고자 하고 있기 때문이다. 이는 내부에 존재하는 모순으로 인해 자신을 부정하게 되고, 다시 이 모순을 지양함으로써 다음 단계, 즉 '합合'에 이른다는 헤겔의 변증법과 같은 맥락이다. 누구보다도 삶에 대한 치열한 의식과 열정을 지니고 있는 정송전 시인은 시집의 곳곳에서 이러한 '합'의 단계에 이르기 위해서 전력투구하고 있는 모습을 보여 주고 있다. 더구나 그러한 작업이 시인의 인생의 마지막 단계까지 이뤄지고 있어서 더욱 절박하고 구체적으로 다가온다.

> 비탈에 맴돌다가 우두커니 서서
> 날이 저물어 가는데도
> 그 자리에 서서 흔들린다.
>
> 바람에 흔들리는 것이 아니라
> 하늘을 흔들어 흔들리지만
>
> 꽃기운 들춰내어
> 피는 꽃이 아닌 것이 어디 있으랴.
>
> 흔들림은 서로 달라도
> 흔들어 대는 하늘이 거기 있다.
>
> ―「흔들리는 것은」, 전문

1연의 '날이 저물어' 라는 시구는 이 시작품의 시간

적 배경으로, 팔순을 목전에 둔 시인이 지금 처하고 있는 상황을 암시하고 있다. 이제 그는 순탄치만은 않은 긴 인생의 마지막 여정에서 잠시 멈춰 서서 깊은 생각에 잠겨 있다. 살아온 세월의 분량으로 볼 때 그는 원숙한 인생의 경지에 도달했지만, 아직도 중심을 잡지 못하고 '흔들'리고 있다. 이와 관련해서 주목되는 것은, 2연에서 시인을 흔들리게 하는 것은 '바람'이 아니고 '하늘'이라는 점이다. 정확히 말하면 하늘 그 자체도 아니고 '바람'에 의해 흔들리는 '하늘'이다.

하이데거의 말을 빌리면, 여기서 '하늘'은 '존재 그 자체'이며 '바람'은 수많은 '존재자' 중의 하나일 뿐이다. 그러나 같은 존재자이면서도 사람은 바람과 달리 '존재론적 차이'를 아는 능력이 있기 때문에, 항상 존재 너머의 '존재 그 자체'를 지향한다. 시인은 지금 바람에 의해 흔들리는 '하늘'에 의탁하여 '존재 그 자체'에 대한 깨달음을 얻고 있다. 3연에 등장하는 '꽃'

은 바로 그 결과로 태어난 가상의 '꽃'이다. 그런데 그 꽃은 바로 위에서 살펴본 '정'이나 '반'으로만 작용하는 꽃이 아니고 그 둘 다를 포괄하는 '합'의 꽃이다. 서로 대립과 갈등 관계에 있는 모순의 꽃이 아니고, 치열한 의식과 정반합의 역동적인 과정 속에서 태어난 화해와 상생의 꽃이다.

그래서 그 꽃은 세상에서 가장 아름답고 생의 에너지, 즉 '꽃기운'이 충만한 꽃이다. 모순적인 인생에서 한 송이 그 꽃을 피우기 위해 정송전 시인은 얼마나 많은 시행착오를 거듭하고, 수많은 허점과 허물을 남기고 상실과 결핍 속에서, 가슴 조리며 살아왔던가? 마침내 시인은 온갖 삶의 속박에서 풀려나는 자유함 속에서 진정한 자신에게로 돌아온다. 그러한 모습이 다음 인용시에 그대로 반영되어 나타나고 있다.

　　호숫가에 산그늘이 촉촉하고
　　거기 노을이 그림을 그린다.

　　허물 같은 거 하나씩 덧칠하고

말없이 서 있는 갈대
비슷이 기척을 하지만
애써 못 들은 척이다.

발목이 잡혔지만
빈 들녘으로 내달리는 갈대
후회되는 일이 어디 없으랴.

하룻내 헝클어진 날갯짓을 내려놓고
밀물져 오는 헛것을 꿇어앉히면

한밤의 속내를 들춰내어
갈대는 제 모습으로 되돌아온다.

– 「호숫가에서」, 전문

  1에서 '갈대'로 의인화된 시인은, 평생 동안 그토록 자신을 속박해 오던 '허물'에 대응하는 방법을 내보이고 있다. 즉, 거기에 완전히 집착하지도, 무시하지도 않고 '비슷이 기척을 하지만', 의지적으로 '못 들은 척'한다. 일방적으로 정正이나 반反에 경사傾斜되지 않는 합슴의 변증법적 태도의 선언이다. 시인의 그러한 시적 태도는 여전히 '후회되는 일'에서 놓여 날 수 있는 일종의 '꽃기운'으로 작용한다. 그 결과 3연에서, 시인은 비본래적인 자아의 사이비 '꽃'과 '헛것'에서 해방되어 본래의 '제 모습'을 회복하게 된다. 이제 시인은 산통産痛을 겪고 난 여인처럼 편안하고 여유로운 마음으로 세상을 바라보는 시선을 얻게 된다. 시집의 제4부 「어머니」에는 시인의 그러한 모습이 집중적으로 반영되어 나타난다.

3. 완전하고 영원한 생명에의 추구

지금까지 살펴본 것처럼 대립과 갈등의 모순적인 삶 속의 수많은 허점이나 허물, 상실과 결핍을, 하이데거의 존재론이나 헤겔의 정반합 변증법 등 정신 의식을 통해서 극복한 시인은, 이제 4부 「어머니」의 시작품들에서 새로운 삶을 시작하고 있다. 그것은 곧 완전하고 영원한 생명에의 관심과 추구이다. 어떤 집념이나 집착도 버리고 허심탄회하고 자유자재한 마음으로 자신의 추억이나 경험을 주변의 일상적인 다양한 소재들을 통해서 서정적 혹은 낭만적으로 표현해 내고 있다.

  1~3부의 시작품들처럼 내면화된 개념적 대상이나 자아 집중적인 분석과 사색적인 진중한 시적 무드나 톤이 아닌, 포괄적 수용과 이해와 배려와 관심, 그리고 노년 특유의 넉넉한 마음을 일상적인 시어와 문법을 통해 소박하고 정감 있게 표현해 내고 있다.

      호젓한 동네 골목길을 서성거린다
      개나리가 필 듯 봉긋거리고
      어린이 놀이터에 햇볕이 왁자하다.

      놀이터에 그림자가 외로워
      이웃인 양 활짝 웃어 주고 있다.

      어느 거리감을 가늠해 볼 겨를도 없이
      저만큼 어른거리는 그림자

봄은 아지랑이로 들녘에 퍼져
텅 빈 마을 인기척 해 주는 바람이다.

아직 발길 닿지 못한 조바심을
한 짐 지고
봄맞이 아롱져 나선다.

- 「봄맞이」, 전문

　인용시에서 무엇보다도 눈길을 끄는 것은 이 시작품에는 1~3부의 시들에서 주로 나타났던 어떤 모순이나 갈등이 보이지 않는다는 사실이다. 오히려 봄이 다가오는 「어린이 놀이터」와 「들녘」의 모습이 기쁨과 활기에 넘치는 밝은 모습으로 묘사되고 있다. 3연에서 보듯 거기에는 어떠한 '거리감' 즉, 어떤 갈등이나 대립도 없이 '햇볕이 왁자' 하고, '아지랑이'로 가득 찬 생명과 소망의 장소가 되고 있다. 막 피어나는 '개나리' 꽃봉오리 같은 어린이들을 바라보는 할아버지(시인)의 모습이 한없이 사랑스럽고 정겹기만 하다. 시인은 차갑고 어둡운 구석진 겨울의 긴 터널을 빠져 나와, 따사롭고 감미로운 햇살이 환하게 쏟아지는 개나리 꽃봉오리나 멀리 들녘에서 피어나는 아지랑이를 보며 부활하는 생명의 충만감을 느끼고 있다.

  하나의 불완전하고 미완성된 존재자로서 지금까지 느끼지도, 만나지도, 누리지도 못했던, 훼손되지 않고 때묻지 않은 순수하고 완전무결한 영원한 '생명성'이다. 이것은 곧 시인이 1~3부의 시작품들 속에서 그토록 갈망하고 추구해 오던 '존재 그 자체'의 실체인지도 모른다. 그는 특히 '고향'과 '어머니'를 통해 그것을 만나고 있다.

    내 키만큼 큰 접시꽃이
    장독대를 차지하고
    채송화가 유별나게 고왔던
    고향이 눈에 밟히네.

    비 온 뒤
    마실갔다 새까만 얼굴로
    마당에 들어서면
    외양간 두엄 냄새가 진동하고

보릿고개가 무엇인지 모르고
소고삐를 말뚝에 매어 놓고
서리를 하며 먹감던 동심을
한 켜씩 벗기네.

- 「고향이 가까워지네」, 일부

  1연에 등장하는 '큰 접시꽃' '장독대' '채송화' 등은 누구에게나 '고향'을 떠올리게 하는 상상력의 마중물이 되기에 충분한 대표적인 소재들이다. 그것들은 정송전 시인의 어린 시절은 물론 지금까지도 우리네 고향 집의 핵심적인 원형적 이미지이다. 2연의 '외양간 두엄 냄새' 역시 우리 고향의 원형적인 후각적 이미지로, 집안 구석구석과 그 안에서 가족들이 살을 맞대고 살던 생활을 환기시키는 촉매가 되고 있다.

  '온 가족의 사랑을 받았던 '새까만 얼굴'의 천진난만한 소년의 모습이 금방 떠오른다. 3연에서 소년은 가정에서뿐만 아니라 밖에서도 어떤 두려움이나 주저함도 없이 친구들과 함께 자유자재한다. 이런 소년에게 모든 사람들이 고통스럽게 겪어야만 했던 '보릿고

개'란 말은 어울리지 않는다. 그는 오히려 풀을 뜯기던 소를 '소고삐'에 매어 놓고, 남의 밭에 들어가 참외나 수박을 '서리'해서 따 먹기도 한다. 또 누가 보든 말든 벌거벗고 개울물에 들어가 '멱'을 감기도 한다.

  소년은 어떤 죄의식이나 부끄러움이나 두려움도 없이 마냥 순진무구하고 행복하기만 하다. 어떤 갈등이나 대립적인 모순과 결핍도 없는 자연 속에서, 모든 것이 완전하고 생명력이 넘치는 동심의 세계에서 살고 있기 때문이다. 시인은 지금 인생의 끝자락에서 그런 동심의 세계로 돌아가 영원하고 완전한 생명력을 회복하고 싶어 한다. 그러한 시인의 태도는 다음 인용 시에서도 나타난다.

> 저마다 명치끝에 아린 허물 하나 없으랴
> 무슨 짓을 하든 다독거려 달래 준
> 꽃 진 자리 어머니.
>
> 당신의 풍상風霜이 모질게 내달려
> 봄 여름 가을 겨울의 중력 어머니.

냇가 빨래터에서
　　바랜 무명옷을 널어놓고
　　자식 의중 다 알고 삭였으리라.

　　　　　　　－「어머니」, 일부

　회고적, 감상적인 어조로 '어머니'에 대한 그리움을 진솔하게 표현해 내고 있는 시이다. 모든 사람들에게 어머니는 영원한 잊지 못할 그리움의 대상이다. 온갖 고난과 고통 속에서도 한없는 인내와 무조건적인 사랑으로 자식을 낳아 키워 왔기 때문이다. 이것이 모성성의 기본이라면, 정송전 시인의 어머니는 거기에 더해서 시인이 '무슨 짓을 하든', 즉 어떠한 '허점'이나 '허물'도 묻지도 따지지도 않고 다 받아 줬다. 어떤 책망이나 징계를 하기보다 따뜻한 품으로 안아 주시고 '다독거려' 위로해 줬다.

　그러나 지금은 이 땅에 존재하지 않아서 볼 수도 만날 수도 없는 그런 어머니에 그리움을, 1연에서 시인은 '꽃 진 자리 어머니'로 표현하고 있다. 희로애락을 느끼는 한 인간으로서 혹은 연약한 한 여인으로서, 시인의 어머니 역시 지난至難한 현실에서 어찌 육신적 어려움과 남모를 슬픔과 회한이 없었을까? 정송전 시인은 그런 어머니의 모습을 2연에서 '풍상'을 '모질게 내달려' 계절과 세상이 어떻게 변하고 양육 환경이 어떻게 변하든, 확고한 '중력' 즉, 중심을 잡고 오직 자식에 대한 사랑과 헌신에 전념했다. 그러나 이렇게 겉으로 보기에는 강한 어머니였지만, 뜻대로 되어가지 않는 '자식'의 모습 앞에서 때론 '냇가 빨래터'에서 남모르게 고통과 슬픔의 눈물을 속으로 삼키기도 했다.

이토록 자식의 모든 불완전하고 미숙한 '허점'이나 '허물'은 물론, 자신의 고통과 슬픔조차도 거부하거나 비난하거나 불평하지도 않고 가슴속에 깊이 묻어 두고, 그 가슴이 멍들고 무너져 내려도 혼자서만 삭였던 어머니. 그때는 꿈에도 생각하지 못했지만, 당시의 어머니만큼의 세월과 세상을 살아온 시인은 이제야 그런 어머니가 더욱 그리워지고 보고 싶다. 당장이라도 어머니가 살아계실 듯한 고향으로 내달리고만 싶다. 비록 몸으로 직접 갈 수 없다 하더라도, 시인의 마음속에 각인된 어머니와 시인 자신의 고향은, 언제 어디서나 시인에게 삶에 대한 새 힘과 용기와 희망을 불러 일으키는 생명의 원형으로 존재하고 있다. 진정으로 '어머니'야말로 어떠한 갈등과 대립도 없고, 상실과 결핍, 불완전성과 유한성이 없는 화해와 상생의 완전하고 영원한 생명, 즉 존재자들이 돌아가야 할 '존재 그 자체'의 또 다른 이름이다.

정송전 시인은 시집의 '자서'에서 자신의 지나온 삶에 대해 '커다란 뉘우침이며 한탄뿐'이라고 고백하고 있다. 하지만, 이제 이 글의 결론에 이르러 필자는, 결단코 그에게 그러한 '뉘우침과 한탄'은 없다고 확신한다. 팔순을 넘은 나이에도 불구하고, 시작품들에서 그는 일관되게 '뉘우침과 한탄'의 실체에 대해 하나도 감추거나 변명하려 하지 않고 정직하게 드러내고 치열하게 맞서고 있다. 자신의 그 동안의 인생의 업적이나 긍정적인 삶을 내세우거나 만족하기보다는, 오히려 자신의 불완전하고 미흡했던 존재자로서의 허물이나 허점을 가감 없이 드러내고 있다.

  자신의 과거 삶을 단지 그리움과 아쉬움 속에서 감상적으로 회고하기보다는, 때론 하이데거의 존재론이나 헤겔의 변증법에 의지하여 자신을 찬찬히 되돌아보며 성찰하고 새로운 길을 모색하고 있다. 고령高齡을 아랑곳 하지 않고 인생의 마지막 순간까지 본래적 자아를 완성하고 완전한 영원한 생명을 기어코 실현시키기 위한 그의 모습은 위대하고 아름답다. 그만큼 그는 자기 자신을 사랑하고 인생에 대한 열정을 가지고 있기 때문이다. 그의 인생에서 시간의 산술적 분량은 유한적이고 불완전한 것일 수 있으나, '존재 그 자체'의 실현을 향한 그의 끊임없는 전력투구는 그의 인생을 영원하고 완전한 것으로 만들기에 충분하다.

鄭松田 시인

- 1962년 「시와 시론」으로 등단.
- 서라벌예술대학문예창작과 졸.
- 중앙대학교 국문과 및 동 대학원 졸.
- 용인시 죽전중학교 교장, 한라대학교, 경기대학교 겸임교수 역임.
- 세계시문학회 회장 역임.
- 한국자유시인협회 본상, 세계시문학상 수상.
- 한국작가협회 최고위원.
- 한국현대시인협회, 세계시문학회, 미당 시맥회 회원.

■ 시집

「그리움의 무게」, 「바람의 침묵」, 「꽃과 바람」,
「빛의 울림을 그린다」, 「내 이렇게 살다가」,
「바람의 말」.

■ 자작시 감상 선집

「그리움과 사랑의 되풀이」, 「자연과 우주의 너울」,
「내 삶의 소용돌이」, 「내 인생의 뒤안길」.

정송전 시집
바람의 말

초판 인쇄 2020 년 8 월 6 일
초판 발행 2020 년 8 월 13 일

지은이 | 정송전
펴낸이 | 김효열
펴낸곳 | 을지출판공사

등록번호 | 1985 년 2 월 14 일 제 2-741 호
주　　소 | 서울시 마포구 양화진길 41, 603호
우편번호 | 04083
대표전화 | 02) 334-4050
팩시밀리 | 02) 334-4010
전자우편 | ejp4050@hanmail.net

값 13,000원

ISBN 978-89-7566-189-1　　　03810

* 지은이와 협의하여 인지는 생략합니다.
* 잘못 만들어진 책은 구입하신 서점에서 교환해 드립니다.